FORMULES

En application de l'art. L.137-2.-I. du code de la propriété intellectuelle, toute reproduction et/ou divulgation de parties de l'œuvre dépassant le volume prévu par la loi est expressément interdite.
©Yves Gerbal 2025

Mise en pages: Yannick Pignol

Édition : BoD · Books on Demand, 31 avenue Saint-Rémy, 57600 Forbach, bod@bod.fr
Impression : Libri Plureos GmbH, Friedensallee 273, 22763 Hamburg (Allemagne)
ISBN : 978-2-3225-2461-7
Dépôt légal : Janvier 2025

ive

FORMULES

Le petit livre bleu

« Cherchez, vous trouverez »
Jésus

« Avec nos pensées nous créons le monde »
Bouddha

« Vers l'infini et au-delà »
Buzz L'Eclair

*« Et nous errions, nourris du vin des cavernes
et du biscuit de la route, moi pressé de trouver
le lieu et la formule »*
Arthur Rimbaud

Pour vous…

Les clés du temps

Ce qui a été

a été.

Ce qui est

ne peut pas ne pas être.

Ce qui sera

ne sera peut-être pas.

Le mantra

Respire.

Regarde le ciel.

Souris au temps.

L'épitaphe

Il a vécu sans pantoufles

mais il a usé

beaucoup de semelles.

0.

La vie est un miracle...

1.

Je suis.

Tu es.

Nous sommes.

2.

Ils elles ont dit.

Je redis.

Et à mon tour je dis.

3.

J'hérite.

Je transmets.

J'ajoute.

Il est temps.

C'est l'heure.

4.

A ton tour.

Pourquoi as-tu ouvert ce livre ?

Est-ce l'heure ?

5.

Nul modèle,

nul système,

nulle méthode.

Juste une étape sur ton chemin.

6.

Si tu cherches

un guide pratique,

demande à un artisan.

Je ne suis qu'un poète.

7.

Si tu cherches

des recettes,

ferme ce livre.

8.

Si tu trouves ce livre trop simple,

lâche-le,

va vivre,

et reviens.

Il t'attend.

9.

Si tu trouves ce livre

trop hermétique,

relis-le encore.

Il est patient.

10.

Ne t'inquiète pas

si ce livre t'échappe.

C'est un livre de sable.

11.

Ne demande pas tout à ce livre.

Ce n'est qu'un livre.

12.

Un livre ne peut rien

contre la réalité ?

Essayons encore.

13.

Ne reproche pas au livre

de n'être pas concret.

Le concret, c'est toi.

14.

Tu ne crois pas

à la force des idées et des mots ?

Ferme le livre tout de suite

et attends un peu.

Ou attends longtemps.

15.

Tu ne crois

ni aux concepts ni aux formules ?

Retourne dans la mêlée humaine.

Vois comme nous sommes.

Et si tu le veux alors :

jette le livre.

16.

Ce livre n'est pas une leçon.

Il est une invitation.

17.

Un livre peut-il changer l'humanité ?

Demande à l'Histoire.

Si elle veut te répondre.

18.

Un livre peut-il changer le monde ?

Demande au futur.

Il ne peut te répondre.

19.

Un livre peut-il te changer ?

Ne t'interroge pas.

Infuse.

20.

Le livre : inspiration.

La vie : expiration.

La voie : respiration.

21.

L'existence

est bien plus complexe

qu'un livre ?

Tant mieux !

Que ce livre te soit

un havre de profonde simplicité.

22.

Tu dis :

« La vie n'est pas un livre ! »

Pourquoi les compares-tu alors ?

23.

Ne me cherche pas

derrière ces pages.

Ce n'est pas moi

qui parle et écris.

Ce n'est pas Dieu non plus.

24.

Ce livre n'est peut-être

pas pour toi.

Offre-le à un.e ami.e.

25.

Un jour un.e ami.e

te tendra un livre en disant :

« Ce livre est pour toi »

26.

Le livre ne suffira pas

à apaiser ta douleur.

Pas mieux qu'un ami.

Impuissant comme lui.

Comme lui compatissant.

27.

Ce livre, c'est de l'eau.

Regarde le rocher,

vois le galet.

28.

Je commence à peine

à *savoir être*.

Comment pourrais-je écrire

un livre de *savoir-vivre* ?

29.

Je ne reviendrai pas.

Comment pourrais-je

ne pas dire ?

30.

Si tu ne comprends pas

ne t'accuse pas

ni n'accuse le livre.

Il y a un temps

pour recevoir

et un temps pour intégrer.

31.

Peut-être est-ce trop tôt

pour que tu lises ce livre.

Il serait dommage

que ce soit trop tard.

32.

Ce livre est fait

pour que tu le quittes,

non que tu l'oublies.

33.

J'ai marché.

J'ai cherché.

Voilà ce que j'ai trouvé.

34.

Ce que j'ai appris

ne t'apprend rien.

Marche.

35.

C'est un long chemin

qui m'a mené ici.

Si tu veux aller vite,

tu n'iras pas loin.

36.

Et après ?

Quand tu arrives

au bout du chemin,

marche encore.

37.

Il n'y a pas de vie réussie.

38.

En un seul mot :

savoir,

sagesse,

saveur.

39.

Le sage n'est pas un saint.

40.

Ne fais pas du livre une religion.

41.

Ceci n'est pas une formule magique.

42.

Pourquoi tous ces *pourquoi* ?

43.

Laisse.

44.

Respirer

n'est pas

une alternative.

45.

Aucune intelligence

ne suffira.

46.

Ce qui est possible

n'est pas toujours nécessaire.

47.

L'homme se nourrit

de fictions.

Parfois voracement.

48.

Nous n'habitons que le présent.

49.

La violence

est une possibilité,

jamais une solution.

50.

Les mots ne sont rien

mais sont capables

de tout.

51.

La force

ne se mesure pas

à ses capacités,

mais à sa fonction.

52.

Le diable est dans l'habitude.

53.

Dieu existe ou n'existe pas.

54.

Les autres

ne sont ni l'enfer

ni le paradis.

55.

L'amour

est un objectif

et le moyen

de cet objectif.

56.

L'ego

est une source d'énergie.

57.

L'ego

est une perte d'énergie.

58.

La vie

échappe

à toute mesure.

59.

L'humanité engendre

des monstres

et des anges.

Les fleurs

n'y peuvent rien.

60.

Pour affronter le monstre

faut-il être monstrueux ?

Les fleurs n'en savent rien.

61.

Mon expérience

ne vous sert à rien.

62.

La raison est insuffisante.

63.

Personne ne peut te dicter

une morale.

64.

Quoi que tu fasses,

tu fabriques

de l'imparfait.

65.

Celui qui chemine

longtemps

ne peut pas éviter

la souffrance.

66.

Tout est simplement complexe.

67.

Et s'il ne te restait que dix verbes pour vivre ?

Prépare ta liste.

68.

Accepte

et n'accepte pas.

69.

Evite de dépendre.

70.

On *existe* à la naissance.

On met longtemps à *être*.

71.

La souffrance se partage

sans diminuer.

La joie se partage

et augmente.

72.

Seul le présent est réel.

Mais peux-tu le toucher ?

73.

As-tu des souvenirs

que tu peux chérir ?

Garde précieusement

cette boite aux trésors.

74.

N'ai-je vraiment le choix

qu'être loup

ou agneau ?

75.

La poule n'est pas obligée

d'aimer

le renard.

76.

La haine

cache sa faiblesse

sous les habits

de la force brute.

77.

Religion.

Relier, pas dominer.

Relation, pas soumission.

78.

Les humains s'agitent

pour oublier.

79.

Tout n'est pas pour le mieux ?

Tu n'as pas le choix.

80.

Toi et moi

inconciliables

par principe.

Et alors ?

81.

Ne cours pas

après le bonheur.

La vie vaut mieux que ça.

82.

L'humanité est-elle encore

un enfant agité

ou déjà un vieillard gâteux ?

Je ne peux te le dire.

Tu n'es ni son père, ni sa mère,

ni son tuteur.

Laisse l'enfant brailler

et ce vieillard délirer.

Ta famille te réclame.

83.

La grande loi :

il n'y a aucune raison

pour qu'un être vivant

doté d'une conscience

qui lui donne la capacité

de savoir qu'il existe

et qu'il va mourir un jour

agisse de manière

à détruire délibérément

quoi que ce soit

sur la planète qui l'héberge

ou qui que ce soit

qui comme lui est *vivant*.

84.

Les contraires

sont complémentaires.

La Voie est étroite.

85.

Ce qui nous dépasse :

ce mystère fascinant

ne doit pas te faire trembler.

Ouvre-toi.

86.

Face à l'indéfinissable

reconnais ta faiblesse.

Ne te courbe pas.

Ouvre-toi.

87.

N'aie pas peur de l'intérieur.

Il est plus vaste que l'extérieur

et tu ne peux pas t'y perdre.

88.

Voyage à l'intérieur

sans itinéraire.

Tu seras guidé.

89.

Il est humain de vouloir

rester en surface.

Mais le meilleur

se trouve en profondeur.

Que ça te plaise ou non.

90.

Use de tout.

N'abuse de rien.

Fais bon usage.

91.

Dieu est-il le nom que tu cherches ?

Il peut aussi s'appeler personne.

92.

L'éternité est là.

Juste à côté.

Tu peux l'ignorer.

Elle ne t'oubliera pas.

93.

La vie n'est pas un examen.

94.

Si les mots

te paraissent vides

c'est que tu n'as pas de fleurs

à mettre dans ces vases.

95.

Remplace le désir par la création.

L'un est le manque, l'autre le comblement.

96.

L'amour ce n'est pas le sexe.

Le sexe ce n'est pas l'amour.

97.

Cherche

ce qu'il y a

au-delà du sexe.

Pour cela il faut

passer par le sexe.

98.

Le sexe

anesthésie

ma pensée.

99.

Tant de possibles

aujourd'hui

où nous sommes

pour comprendre

ce que nous sommes

et

qu'en faisons-nous ?

100.

Ils cassent le monde.

Tu as le droit

de désobéir.

101.

Seras-tu la flamme,

l'étincelle,

la luciole,

la lanterne,

le phare ?

102.

Le *progrès*

n'est pas

ce que tu crois.

103.

Le chemin

est le prince

de tous les symboles.

104.

Marcher

est le verbe roi

de toutes les paraboles.

105.

Tout ce qui est élémentaire

fonde l'essentiel.

106.

Fais ce que tu peux.

Le plus complètement possible.

107.

Fais de ton mieux.

Et ne pense pas

que c'est toujours simple.

108.

Pourrais-tu me dire

quelle est ta devise ?

109.

Rédige gaiement

dès aujourd'hui

ton épitaphe.

110.

De tout, un peu.

C'est une devise.

111.

Résiste.

Mais ne t'épuise pas.

112.

L'enfant questionne.

Pourquoi le mal ?

Pourquoi la cruauté ?

Pourquoi la destruction ?

Pourquoi la guerre ?

Parce que.

Parce que.

Parce que.

Parce que.

113.

Les questions de l'enfant sont les plus élémentaires. Voilà pourquoi on est incapable de lui répondre.

114.

N'abandonne pas le sacré aux religions.

115.

Que ta conscience soit pleine et entière.

Sacré défi.

116.

Le spirituel rassemble autour de l'essentiel.

117.

Une idée

n'est jamais réaliste.

118.

Ton corps

est ton seul véhicule.

Magnifique

et fragile.

119.

Ton corps

medium absolu.

Veille sur lui

autant que tu le peux.

120.

Je sais très bien

ce que c'est que mon corps.

Je ne suis pas sûr de savoir

ce qu'est la matière physique.

121.

J'appelle *âme*

ce qui me constitue

de non corporel.

J'appelle *esprit*

ce qui agit

mais n'est pas d'ordre physique.

J'appelle *énergie* ce qui relie

le physique et le non physique.

122.

Tu es un pôle d'énergies

c'est à dire de relations.

Que vas-tu en faire ?

123.

Tu es un réservoir d'énergie.

Ne l'économise pas.

Ne la gaspille pas.

124.

Entre en *résonance*.

125.

Garde toujours chez toi une place

même petite

pour la nature

et le cosmos.

126.

Embrasse l'arbre,

parle à l'animal,

lis dans les étoiles.

Tu habites là aussi.

127.

Aime comme tu peux

et si tu ne peux pas

évite

de faire souffrir.

128.

L'amour c'est le plaisir

et la douleur

de l'attachement.

129.

Si tu as la chance

d'être visité

par la joie

ouvre en grand ta maison

pour cet hôte précieux.

130.

L'argent.

Le monstre qui nourrit

tous les autres.

131.

Simplicité.

Simplicité.

Simplicité.

132.

La connaissance

est un érotisme.

Ôte un à un les voiles

sur les vérités nues.

133.

Il arrive que la Vérité

s'ennuie.

Voyage avec elle

mais reviens au pays.

134.

Tes racines

ne t'empêchent pas

de te planter là-bas,

de pousser ailleurs.

135.

Préfères-tu être

un lion débonnaire

ou un tigre pacifique ?

136.

Passe en volant,

léger comme l'oiseau.

Avance en pesant,

lourd comme l'éléphant.

137.

Gagner n'est pas

avoir raison.

138.

Faute de preuves

ton intime conviction.

139.

Ni savoir

ni croyance.

Dieu est au-delà.

140.

Nul autre que toi

ne peut savoir si tu es libre.

Mais dis-nous quel sens

tu donnes

à ce mot ambitieux.

141.

Ne suis-je jamais libre ?

Je peux ne pas être

toujours un esclave.

142.

Tu peux chercher un maître.

A la fin

peut-être

tu te trouveras.

143.

Comprends-tu un paysage,

une pierre, une fleur ?

Regarde encore.

144.

Que t'inspirent

l'arbre,

la vague,

la mousse,

le virus ?

145.

Si tu désespères

c'est que tu es vivant.

146.

Il faut être futile parfois.

Nous sommes suffisamment

condamnés

à être utiles.

147.

Je pourrais facilement te dire :

réjouis-toi !

Mais que sais-je

de ta vie sans joie ?

148.

L'argent.

Métamorphoses

sans fin

du monstre froid.

149.

Ne consume pas

ta vie

à consommer.

150.

La culture

est un bagage

qui allège.

151.

Peut-être

se promène

entre relatif et absolu.

152.

Méfie-toi

de ceux

qui ne doutent pas.

153.

Ecris ta vie

aussi

dans les marges.

154.

Tu peux aimer le confort.

Ne sois jamais conformiste.

155.

Offre un jardin

à ton enfant.

Il s'en évadera

mais gardera le goût

sucré et amer

du paradis perdu.

156.

La réalité

n'est pas

un argument.

157.

Tu n'es pas

le centre du monde

mais tu as

un centre.

158.

Puisque infinité du mal

nécessairement aussi

une infinité d'amour.

159.

Si tu es toujours

dans l'excès

tu n'y es plus.

160.

Cherche la juste mesure

qui n'est pas

une simple moyenne

ni un milieu introuvable.

161.

Trouve l'équilibre.

Je sais : tu ne voulais pas

être ce funambule.

162.

Midi !

clame le poète.

Mais jouis si tu peux

de chaque heure du jour.

La nuit aussi.

163.

Avance.

Ce que tu dois comprendre

tu le comprendras.

164.

Le jour.

La nuit.

Aucune différence

pour le soleil.

165.

Et s'il n'en reste qu'un.e

tu seras celui.celle-là !

166.

Si la beauté

sauvait le monde

on le saurait.

167.

Un seul programme :

être.

168.

Cesse d'espérer.

Applique ta volonté.

169.

Ne repousse pas

la nostalgie.

Elle ne te veut jamais de mal.

170.

L'arbre sait ce qu'il doit

à ses racines.

171.

Pas de fleuve

sans source.

172.

Chaque spiritualité rejoint la spiritualité.

173.

Les dieux peuvent être multiples.

L'Esprit est Un.

174.

On peut s'épuiser

à soigner les conséquences.

Exerce ta force

à traiter les causes.

175.

L'escargot

est mon maître

en philosophie.

176.

Résumons.

Quelle est ton intention?

177.

L'évidence

fait le vide.

178.

Sais-tu distinguer

désir

et plaisir ?

179.

Toujours plus vite.

Toujours plus vain.

180.

Entre

« ça a toujours été comme ça »

et

« ce sera toujours comme ça »

il y a

toi.

181.

Au milieu

est souvent le mieux.

Mais tu n'es pas obligé

d'être tiède.

182.

Ta sagesse

ne sert à rien

si tu ne te demandes pas

à quoi elle sert.

183.

Ce que je dis

d'autres l'ont dit.

Alors pourquoi ?

Parce que le vacarme humain

empêche d'entendre

le silence du sage.

184.

Beaucoup de peu

ça fait beaucoup.

185.

Mesure ta chance

si tu n'as pas

à survivre.

186.

Quand tu es un archer

ne gaspille pas tes flèches.

Quand tu es une cible

cache ton centre.

187.

Le problème

n'est pas la peur,

mais ce que la peur

fait de toi.

188.

Que faire

rapidement ?

Commençons

par *ralentir*.

189.

Pense plus loin,

pense plus haut.

Va voir là-bas,

grimpe là-haut.

190.

Si tes mains

ne caressent rien

demande-toi pourquoi

tu as des mains.

191.

Aucune prière n'est vaine, même si le ciel est vide, et l'humain désespérant.

192.

La caresse sauvera le monde.

193.

Méfie-toi du sourire

des monstres de l'époque.

Essaye de leur échapper.

Essaye au moins.

194.

Désertion.

Démission.

Possibles options.

195.

On ne choisit pas

sa famille.

Vieux refrain

d'une chanson

toujours nouvelle.

Chante.

On ne te demande pas

d'être un ténor

ou une diva.

196.

Cesser d'espérer

ce n'est pas

désespérer.

197.

Pourquoi chercher

le transhumain

quand nous ne sommes

pas encore

humains ?

198.

Rien de nouveau sous le soleil ?

Sauf *toi*.

199.

Tu veux du pouvoir ?

Gouverne-toi toi-même.

200.

Sois un combattant

plutôt qu'un guerrier.

201.

Tu peux rester libre

de bien des manières.

Toi seul le sais.

Mais es-tu libre

de savoir ?

202.

Fais un pas de côté.

Tu ne le regretteras pas.

203.

La vie est tragique

etc...

La vie ne vaut rien

etc...

La vie.

204.

« Je suis celui qui suis »

Moi aussi.

205.

Ne regrette pas

de vieillir.

Aurais-tu préféré

mourir jeune ?

206.

Il faut avoir la force

de savoir être faible.

Il faut avoir la faiblesse

de vouloir être fort.

207.

N'adhère pas.

Tu ne pourrais plus

bouger.

208.

Tu peux tout exiger

de la justice.

Hélas,

elle ne peut pas tout.

209.

Pour gagner ta vie,

ne la perds pas.

Facile à dire.

Mais tu me remercieras.

210.

Ose le pardon.

Qui peut prédire

de quoi est capable

cette bombe pacifique ?

211.

L'économie

est une science

inhumaine.

212.

Regarde les corps.

Désirables.

Périssables.

213.

La beauté n'existe pas.

Tu dois l'inventer.

Ne te plains pas

de ta mission.

214.

La grâce

ne se cueille

que par instants.

215.

Le capitalisme

c'est le viol,

me dit la planète

en pleurs.

216.

La politique

sera éthique

ou ne sera pas.

217.

On peut te voler

ton argent, ta maison,

tes biens, ta liberté.

On peut t'empêcher

de parler, de penser.

Fais en sorte que jamais

on ne puisse te dérober

ton esprit.

218.

L'hermétisme

est parfois nécessaire.

Il protège le trésor

des vérités essentielles.

219.

La beauté

ne sert à rien.

Voilà pourquoi

elle est indispensable.

220.

Aiguise ta conscience

mais n'en fais pas

un couteau.

221.

Le lac de montagne

se fiche du sommet.

222.

L'art le plus important

est l'art du temps.

223.

L'homme

est un animal

bavard.

224.

Face à l'adversité

rappelle ta force

et souviens-toi

que tout peut arriver.

Même ta victoire.

225.

Comprends-tu

que l'on fasse

l'éloge

de la fuite ?

226.

Laisse les monstres

se battre.

Ce n'est pas ton combat.

227.

Change d'échelle.

Ton esprit est fait pour ça.

Libère-toi

de nos frontières étroites.

Ton esprit est fait pour ça.

228.

Un poisson dans l'eau.

Un oiseau dans l'air.

Et toi ?

229.

Si tu te trouves

trop petit,

regarde dans un microscope.

Si tu te sens

très grand,

regarde dans un téléscope.

230.

Sois calme.

Au moins à l'intérieur.

231.

Même quand

tu médites

tu as le cul

posé par terre.

232.

Trouve ta mesure

entre le confort

et l'aventure.

233.

La sobriété

peut être

une grande source

de paix

et d'abondance.

234.

Aime la liberté

mais ne t'égare pas

en la poursuivant.

235.

Une heure,

un jour,

des mois,

des années,

tu seras malheureux.

236.

Le malheur

a toujours

de nouveaux masques.

237.

Le malheur

a beaucoup d'imagination.

Toi aussi.

238.

Ecarte-toi

de l'actualité

pour te rapprocher

du présent.

239.

Demande-toi

pourquoi

avant de savoir

comment.

240.

Ne t'agite pas

si rien ne t'y contraint.

Danse si tu veux.

241.

Tu ne regretteras jamais ce que tu as appris.

Mais tu seras toujours ignorant.

242.

Mettre de la poésie dans ta vie.

Tu crois que tu peux ?

Tu es sûr que tu veux ?

243.

La prochaine fois

que je viendrai

au monde…

L'impossible excuse.

244.

Dans le désordre

de mes pensées

cherche ton ordre.

245.

Tu auras besoin

de solitude

et de silence.

Ils te ramènent à toi.

Ils te ramènent au centre.

246.

Sois prudent

avec les images.

247.

J'appelle poésie

une certaine qualité

de relation

avec le temps

avec le monde

et ses habitants.

Avec ou sans mots.

248.

Ta modeste demeure.

Ta vie sobre.

Ton quotidien ordinaire.

Tu peux en être fier

si tu ne subis pas.

249.

Contempler

est un grand luxe.

Ne t'en prive jamais.

250.

Pour évaluer le jeu

vois le gain

estime la perte.

Es-tu encore joueur ?

251.

La poésie

flamme fragile

lumière vacillante

humanité obstinée.

252.

Détermine

ton degré

de tolérance.

Raisonnablement.

253.

Il y a la souffrance

qui ne dépend pas de toi,

et il y a la souffrance

qui dépend de toi.

254.

Efforce-toi.

255.

Nous sommes tous des prophètes.
Nous écrivons tous l'avenir.

256.

Ce monde de rosée,
un monde de virus.

257.

Quel est ton mantra ?

Prends ton temps

pour l'écrire.

Tu as toute la vie.

258.

Ne laisse pas

la tyrannie

sermonner ta colère.

259.

Conserve les graines.

Protège les germes.

Cultive la terre

encore fertile.

Laboure le futur.

260.

Chaque fois que je peux :

gratitude.

261.

Je vous salue

mes frères d'asymptote !

262.

Après l'enfance,

point de paix ?

La route est longue.

263.

Etre et ne pas être :

telle est la question.

264.

Le chef-d'œuvre

est toujours

pour demain.

265.

La beauté est parfois

fulgurante :

ne cherche pas

à la retenir.

Elle repassera.

266.

La beauté est parfois

immobile :

évite

de la déranger.

Tu repasseras.

267.

Saurais-tu

me citer

tes quatre points cardinaux ?

268.

C'est parce que

tu tends les bras

que tu souffres ?

Embrasser le vide

ce n'est pas rien !

269.

Ce qui vole ton temps

vole ta vie.

270.

Moderne

n'est pas une qualité.

Ancien

non plus.

271.

La vie :

thèses antithèses.

La mort :

la grande synthèse.

272.

Veille vraiment

sur la flamme de l'enfance.

Ce feu-là s'il s'éteint

tu ne pourras jamais

le rallumer.

273.

Les caresses,

comme les vagues,

ne meurent jamais.

274.

On veut toujours être

ailleurs,

il faut pourtant être

quelque part.

Car il y a pire

que de n'être pas

partout :

c'est d'être

nulle part.

275.

Tu es riche

de ce que tu refuses.

276.

Il dépend de vous

que mes phrases

d'aujourd'hui

ne soient pas

les ruines de demain.

277.

La foule

n'a pas toujours raison.

Ce n'est que la foule.

278.

Dense et subtil,

vibre, cœur pur, vibre !

279.

Inventer

est le contraire

de subir.

280.

N'oublie pas d'écrire

ta vie au printemps

pour pouvoir la relire

en hiver.

281.

Suis-je mieux

au centre

ou au milieu ?

Etrange question

au bord du volcan.

282.

Si tu n'as pas la réponse

aime ta question.

283.

Puissance d'une idée :

les pierres jetées

dans le lac,

les ronds dans l'eau.

284.

Aimer

c'est continuer.

285.

Aimer

c'est ne pas renoncer.

286.

Il n'y a rien

de plus beau

que la beauté

du geste.

287.

Suis le papillon.

Il te guidera,

éphémère,

de fleur en fleur.

288.

Les secondes d'or.

Les secondes de plomb.

Comment vas-tu faire ?

289.

Lancer des flèches

vers une cible invisible.

Est-ce raisonnable ?

L'archer s'en fiche.

Il tend la corde.

290.

Entre le théorème

et la métaphore,

je ne choisis pas.

291.

Orbites irrégulières

autour d'un noyau

toujours mouvant.

Ne t'inquiète pas.

Moi aussi je tourne.

292.

L'âme

n'est pas

une armure.

293.

Quand je serai mort

mon esprit

bandera encore.

294.

Je ne dis pas tout.

Imagine le reste.

C'est ton livre.

295.

A cet instant

que tu le veuilles ou non

toi aussi

tu es un.e chercheur.se.

296.

Le paradis n'existe pas.

Cela nous évite

de le mériter

ou de le regretter.

297.

Ils te diront :

« Choisis »

Ne leur obéis pas

à chaque fois.

298.

Le temps passe,

les moments restent.

Qu'ils soient

ta seule collection.

299.

Regarder les hommes

ou regarder les étoiles ?

Ton esprit est bien capable

de tout embrasser.

Fais un effort.

300.

Gentil

et fort.

Rien d'incompatible.

301.

Apprendre à mourir ?

Oui

pour apprendre

à vivre.

302.

Les saisons

sont toujours pressées,

surtout l'automne

de la vie.

303.

Sois de cire

pour accueillir

et de marbre

pour retenir.

304.

Tu es

un mystique

qui s'ignore.

305.

Ce livre s'appelle *reviens*.

306.

Toutes les vies sont provisoires mais la vie est éternelle.

307.

Pas un jour

sans faire l'amour,

dit-il.

Cela suffira-t-il ?

308.

Attaché

mais pas dépendant.

Gros enjeu.

309.

La vérité est nue.

Pour vivre

on s'habille.

Pour aimer

on se déshabille.

310.

A quoi sert

l'artificiel ?

Question intelligente.

311.

Mesure honnêtement

ton degré

de dépendance.

Honnêtement.

Honnêtement.

312.

Il faut lire l'ensemble

pour comprendre

le détail.

313.

Il faut deux bords

pour faire un chemin

ou une rivière.

314.

Ami.e chercheur.se,

choisis tes valeurs,

nomme les vertus,

définis la qualité.

La quête continue.

315.

Comment nommer

cette flamme

dont je suis le foyer,

qui chauffe

et qui ne brûle pas ?

316.

Ta cabane.

Ta tribu.

Plus question de philosophie.

317.

Ce que

des mots

défont

des mots

peuvent le refaire.

Ce que des mots

détruisent

des mots

peuvent le rebâtir.

318.

Je préfère

le poème

mais j'admets

l'équation.

319.

La nature, le temps, le cosmos,

ne mentent

ni ne trichent

jamais.

320.

Devant l'arrogance

ton détachement.

321.

La conscience

est mon amie.

Ici

et au-delà.

322.

Tu es jeune ?

Cherche ta sagesse.

Follement.

Tu es vieux ?

Sois fou.

Sagement.

Il est temps.

Il est grand temps.

323.

Ce n'est pas rien

d'accepter

d'être rien.

324.

Que vienne le temps,

que sonne l'heure,

de ton éveil !

325.

Sois fier

d'être éveillé.

Humblement.

326.

Ose.

327.

Dis oui. Dis non.

328.

Je ne crois pas

aux anges

mais parfois

je me sens des ailes.

329.

Seras-tu

le veilleur,

le guetteur,

l'éclaireur ?

330.

Que serait ce Tout

sans ma partie ?

331.

Quelle sera ta *rime*,

ta *parole ailée* ?

332.

Pas de formule ultime.

Ne sois pas déçu.

Songe au chemin parcouru.

333.

La fin n'a pas de fin

mais elle a un début.

La prière

Notre Esprit, qui es partout,

quel que soit ton nom,

que ton calme advienne,

que ton souffle nous parvienne

ici et maintenant.

Aide-nous aujourd'hui

à accueillir ce jour.

Renforce notre présence,

à chaque respiration,

pour unir nos consciences.

Et ne nous laisse pas

entrer en division

mais offre-nous ta Paix.

Ainsi soit-il.

Le dernier poème

Plus besoin de rien

Je garderai seulement

Ce bout de ciel bleu

Contact :
yves.gerbal@orange.fr
yves.gerbal@icloud.com

Internet, réseaux :
Yves Gerbal

Merci à Manu, ami si précieux, complice en poésie, premier lecteur de ce petit livre bleu, qui m'a encouragé à le faire exister. Merci aux compagnons en « gai savoir », et en particulier au groupe des « dissidentes » pour leur enthousiasme et leur soutien constant. Merci à Françoise pour sa relecture attentive et ses fines appréciations. Merci à Yannick pour son travail indispensable en préparation de la publication : sans lui je ne l'aurais pas fait. Merci aux chemins de Compostelle. Merci à tous.tes celles et ceux, proches plus ou moins, hier et aujourd'hui, qui m'incitent à continuer la quête…

Impression : Libri Plureos GmbH, Friedensallee 273,
22763 Hamburg (Allemagne)